I0370327

www.ingramcontent.com/pod-product-compliance
Lightning Source LLC
Chambersburg PA
CBHW042127100526
44587CB00026B/4205
9781738101146

Barmakids Press, Toronto Canada.

www.Barmakids.com
info@barmakids.com

Copyright © 2024 by Barmakids Press

ISBN: 978-1-7381011-4-6

All rights reserved. No part of this book may be reproduced, stored in a retrieval system or transmitted in any form or by any means – electronic, mechanical, photocopying, and recording or otherwise – without the prior written permission of the author or the publisher, except for brief passages quoted by a reviewer in a newspaper or magazine. To perform any of the above is an infringement of copyright law.

Available from major online stores

شناسه کتاب

نام کتاب: ریش درازِ عقل کوتاه

شاعر و ویراستار: حسیب احراری

طرح جلد: ایلیا تهمتنی

ناشر: انتشارات برمکیان

سال چاپ: ۲۰۲٤ میلادی

حقوق تألیف و چاپ این کتاب محفوظ و نقل مطالب آن به هر عنوان و ترتیب بدون اجازۀ کتبی نویسنده و یا ناشر ممنوع است.

BARMAKIDS PRESS

www.Barmakids.com

ریش درازِ عقل کوتاه

- حسیب احراری -

فهرست

پیش‌نگاشت ۱
در میخانه ۹
تندیس ترس‌ناک ۱۱
گِل نم‌ناک ۱۳
دو پا و یک دم ۱۵
پیچ در ریش ۱۶
شاخ شیخ شکستنی نیست ۱۷
بی در و دروازه ۱۹
شرع شداد ۲۱
صیغه ۲۲
مُهر گران ۲۴
اسباب غنیمت ۲۶
نیش اژدها ۲۸
ریش با ریش ۳۰
تمنای بهشت ۳۲
کفش کشیش ۳۴
برادرهای ناراضی ۳۶
شهادت شه ۳۷
زایش‌گه زاغان ۳۸
گرگ ۳۹
بنای آتش ۴۰
پشم و نیش ۴۱

چشم خطا بین	٤٢
شهر شیطان	٤٤
جهاد در جهنم	٤٦
زانی ولد	٤٨
قبر کنی	٥٠
شف نی شفتالو	٥٢
میدان جنگ	٥٤
خون فرشته‌ها	٥٦
می فروش و دین فروش	٥٨
شش لگد	٦٢
زاهد دیوانه	٦٤
نان	٦٧
دعای گرسنه	٧١
کار آدم	٧٤
قهر خر عیسی	٧٧
جنگل و جدل	٨٤
آرزوی شیخ	٨٩
پرخطر	٩١
امر شیخ	٩٤
قلب مکتب‌ها	٩٧
گاوهای چاپلوس	٩٩
صابون	١٠١
ملاقات مقید	١٠٤

بوسه	112
اتق الله	113
وراثت	115
طوطی شهر	117

پیش‌نگاشت

رحمت نور الهی نوازنده‌ی انجمن جان‌های عشق‌تنیده‌ی شماهای قانع‌نشده بر غنیمت اقْرَأْ. به یاد دارم روزی را که نوشتن را تجربه نمودم نخستین‌بار نام خود را نوشته بودم اما زمانی برای نوشتن یک مقاله‌ی که عنوان‌اش در خاطرم نمی‌آید اقدام کردم نسبتاً نوجوان بودم. کنده‌کنده، دور دور چیزهای نوشتم که در لباس یک مقوله‌ی علمی درآمده بود. برای این‌که یکی از استعدادهای درون طلسم‌سای آدمی به درک این‌که چرا خدای آفرینش‌گر لطف بر بنای هستی کرد، قلم آفرید و چرا در چهار کتاب فرستاده‌ی خویش به خواندن و نوشتن انسان بارها انگشت تایید راست‌نمود. در همان روز دریافت این درک با خود پیمان بستم که می‌نویسم و جز حقیقت نمی‌نویسم، می‌سرایم و جز حقیقت نمی‌سرایم. داستان می‌نوشتم، شعر می‌سرودم، نثر، مقوله‌ها و جملات انگیزشی، اجتماعی، فلسفی و... را تجربه می‌نمودم و از سوی دیگر فرزند خانواده‌ی با نام و نشان روحانی و مذهبی بودن در سطع منطقه، دلیلی برای خواندن سلسله‌کتاب‌های آیینی و الاهیات نزد پدرم روان‌شاد مولوی عبدالقدوس‌آغا بود که دانش‌مند دینی و شخصیت عارفانه داشت و ریاضت‌پرداز، شریعت فهم، قرآن‌دان، مفسر و عالم بزرگی از عالمان بزرگ کشور بود. تا زمان حیات وی، کتاب‌های ابتدایی مرسوم را که هرکدام به ترتیب دیگری ارائه می‌شد مرور نمودم و قرآن را با تفسیر و اصول شریعت را با تدبیر خواندم و مثنوی معنوی مولوی را از نشستن در حضور پرفیض وی تاجاهای که اندیشه‌ی من قد برابر می‌کرد فهمیدم و معرفت حاصلم شد و تحت نظر وی به گردان چندین اثر تایید شده‌ی جمهور دانش‌مندان دینی اهل سنت مانند "الجامع الصحیح" یا صحیح بخاری اثر ابوعبدالله محمد فرزند اسماعیل بخاري و صحیح مسلم اثر ابوالحسین مسلم فرزند حجاج قشیری نیشابوری و... پرداختم و بعد از سفر روح آن عالم ربانی(پدرم)خود به مطالعه‌ی کتاب‌های چون تفسیر کابلی، علوم الدین و معلم الدین اثر امام غزالی، سنن ابن ماجه اثر محمد فرزند یزید فرزند ماجه

قزويني، جامع ترمذی(سنن ترمذي)اثر ابو عیسي محمد فرزند عیسا فرزند سوره، سنن ابو داود اثر سلیمان فرزند اشعث فرزند اسحاق سجستانی، حیات صحابه اثر علامه یوسف دهلوی، اسماءالله حسنی اثر امام فخر رازی، فقه احناف تالیف علامه حسن، ریاض الصالحین اثر محی الدین یحیا فرزند شرف النووی و... پرداختم و بعد در سیر آثار عرفانی و ادبی کلاسیک و معاصر جهان گام زدم و تا هنوز که نفس در سینه رفت و آمد دارد، قلبم برای کتاب و نوشتن می‌تپد اما اندوه دیرینه‌ی من از نوجوانی تا این دم که در گلو بغض شده است تماشای ریش‌دارانی‌ست خویش را بر رسانیدن فرمان خدای که نور و رحمت و عشق ذات باکیف آن است، می‌دانند و از همان نوجوانی روش نادرست این بازاریان دین بر زیر دوش در ذهن من حیرتی بر می‌انگیخت و اندیشه‌ی کنج‌وکاو من را متوجه کلان‌درزهای ناشی از غلط‌فهمی دینی می‌نمود اما جامعه‌ی سنتی و زیر بار فشار عرف‌های قرن‌ها رشد کرده در زیر پوست باورهای نادرست‌اندیشی دینی و جریان قوی مذهبی خلاف آموزه‌های درست اسلامی که چنان سایه‌ی وهم‌انگیزی در جهات‌جهات محیط در گردش بود و است؛ کم‌فرصت برای بلند کردن انگشت انتقاد فراهم می‌شد و دست‌های زیادی که به سبب نشان دادن شگاف‌های این جماعت راست می‌شد، قطع می‌گردید و برچسب‌زدن‌های کفر بهترین راه برای به دار آویختن و ریختن خون اشخاصی بود که سد معیشت گروگیران دین در چهره‌ی ملا، زاهد، شیخ، مفتی، واعظ و... می‌بود و هنوز این هیولای پرورده‌شده‌ی غلط‌اندیشی دینی میلیون‌ها آدم را اداره می‌کند و هزارها انسان را در روی زمین آواره، بی‌چاره، افسرده، گریزان و محروم از مهر انسانی‌پرور اسلامِ پیچیده در تارهای عنکبوت جهل و افراط نموده است.

از سوی دیگر پاس‌دارانی چون عارفان، رندان، پارسایان، اولیای با کرامت و دیگر معرفت‌فکران به خدا رسیده با ریشه‌یابی درستی که از به خطا رفتن آن جماعت افراط‌منش، داشتند در نقد آن سلسله به میدان آمدند اما صف آن‌ها از کسانی که به اساس ستیز با اسلام یا برای مایه‌دادن به آیین دیگری نقد صوفی، ملا، شیخ و...

می‌نمایند و در پی مقاصد دیگری اند و با بیش‌تر شدن این روش کژ(غلط‌فهمی دینی)خرسند هم می‌شوند؛ جدا است. نقد پارسایان متوجه روی‌کرد بی‌سرانجام پیش‌برندگان این آیین و روش جان‌گرفته از بینش‌افراطی آن‌ها است و نه ذات حقیقت‌مند اسلام و قرآن. از دورهای تاریخ موشکافانی به دل‌سوزی این آیین در رفع شکاف بزرگ افراطی‌اندیشی، زبان و کلام خود را به خدمت بیان واقعیت‌ها گماشته و برای جداسازی سره و ناسره قدم‌های ماندگاری برداشتند که می‌شود از قبیل نام‌ورترین شخصیت اسلامی حضرت مولانا را نام برد و نیز خواجه حافظه شیراز، بیدل دهلوی، صائب تبریزی یا اصفهانی و... یا دیگراندیشانی معاصر که در نقد این رشته‌ی خام توجه وافر داشته و با بهای جان خود در این کارزار؛ بار مسئولیت ایمانی، انسانی و اسلامی بر دوش داشتند. یکی از این دانش‌مندان یحیا حسن شاعر فلسطینی است که بارها به نسبت شعرهای انتقادی سوی قصد قرار گرفته بود. ابن وراق نویسنده‌ی هندوستانی‌تبار از دیگر مفسرین تازه‌بین است که برای در امنیت بودن جانش این اسم مستعار(ابن وراق)را به خود برگزید. عبدالحسین زرین‌کوب نیز با ماندگارترین شگرف عرفانی با مایه‌گیری از مولوی صف محکمی در برابر این تار پوک ریا و کسانی که بر دور این تار جمع آمده اند ایستاده و محاربه کرده است. از دیگر مفسرین و فیلسوفان نوپرداز دینی عبدالکریم سروش می‌باشد که در بسا مسائل اجتماعی و رفع درزهای سوی ظن‌آر مذهبی استدلال جان‌دار اسلامی ارائه می‌نماید. نصر حامد ابوزید قرآن‌پژوه و نظریه‌پرداز مسلمان مصری از دیگر بکربینشان در تفسیر هرمنوتیک قرآنی و روایت‌کن کارکردهای پیامبر بود که با بدیع‌اندیشی‌های اسلامی خود از سوی بنیادگرایان تندرو مانند ایمن‌الظواهری و... برچسب بی‌دینی خورد و ریختن خونش موجب ثواب دانسته شد. این دین‌پژوهی و روایت‌گری حقیقت‌های پنهان‌شده در چین و دستار ریا و تزویر که سالیان دراز حسرت روان‌خسته‌سازی در مزاج و خیال و طبع نواندیشان دینی وارد کرده است؛ من را نیز از همان دوران نوجوانی تا این‌دم زیر بار حسرت و چراها نگه داشته است و این غلط‌رفتارهای آمده از

نادرست‌فهمی دینی و سنتی و اسلام‌آزار؛ شاعرانگی و طبیعت‌گرایشی فطرت من را که می‌بایست هنرنوردی می‌کرد و عمری قله‌های هنرمندانگی را می‌پیمود، درگیر مسائل ناخوش‌آیندی چون زهدبیزاری و پرده‌برداری از چهره‌ی شوم گرگانی در لباس میش، وقف ساخت که از یک‌سو برایم ناخوش‌آیند و منزوی‌ساز بود، از سوی هم نمی‌توانستم با بارها کوشش از این مسیر خوشبختی‌کش گریزی داشته باشم و از طرفی ایمانی، وجدانی و انسانی می‌اندیشیدم تا در راهی که برایم بی‌درد سر نبوده و رنج‌های بی‌شماری سد زندگی من می‌آورد جان در کف گرفته گام بردارم. هر ازگاهی غفلت می‌خواهد دستان شعور من را زولانه کند، وجدان با پر سوخته از قاف انصاف بر حذر من می‌رسد و چنان لگدی در سرشت عاشقی‌پیشه‌ی من می‌کوبد که فریاد سر می‌دهم: قسم که هرگز برنمی‌دارم قدم از راه قلم! به سخن آن شاعر رنج‌ها که سال‌ها ذره ذره وجودش را واژه واژه شعر ساخت:

کاش من شاعر نمی بودم

تا چو هر جنبنده‌ی دیگر

از کنار لکه‌های خون انسان

بی‌تفاوت می‌گذشتم

کاش با هر خنده‌ی از جا نمی‌رفتم

کاش با هر گریه‌ی غمگین نمی‌گشتم

کاش من شاعر نمی‌بودم

تا تو را ای زندگی!

با تمام زشتی و آلودگی‌هایت نمی‌دیدیم

در تو هر چیزی که بینم
هاله‌ی از حیله است
هیچ چیزی
صادقانه خویش را ظاهر نمی‌سازد
هیچ رنگی، رنگ اصلی نیست
گرچه گویند
هستی در نگاه ژرف شاعر
شعر و آهنگ است
رازق فانی

ای کاش می‌گذاشتند می‌زیستیم و هنر را با طعم واقعی آن می‌چشیدیم و ای کاش می‌گذاشتند آفریدگار خویش را همان‌گونه که او را یافته‌ایم می‌پرستیدیم و سزاوار خداوندی‌اش بجای می‌آوردیم.

به هر درنگ! این‌که از کلان‌جستار ذهدبیزاری در این متن کم‌ستر، نمی‌شود با جزئیات حرف زد بهتر آید با گویشی چند در مورد کتاب پیش رو به پایان سخن برسم: «ریشِ درازِ عقلِ کوتاه» مجموعه‌ی است از ۴۸ شعر بلند با زبان‌کنایه و تند و انتقادی که از جهات مختلفی در مورد زهدبیزاری، ستیزمنشی در برابر ایده‌های بروز داده‌شده‌ی غلط‌انگاردن‌دینی و تناسخ مردم و جن‌زدگی‌پنداری اجتماعی که در اثر کم‌دقتی و یا اسیرماندگی مردم در جبر بی‌سوادی یا به اثر دور نگه‌داشته‌شدن از کتاب، در آن گِل گیر کرده‌اند؛ سروده شده است. کرمندبودن در برابر این روش

نادرست و مسموم کننده‌ی آکنده از آیین در خدمت‌گذاشته‌شده‌ی فراکسیون، آگاهانه بوده و در عمق‌یابی غاک‌های محسوس قلم زده‌شده‌اند.

هر از گاهی عقل در پاکیزه‌سازی یا غربال زلال‌باورها و نازلال‌باورهای دینی کوتاه آمد؛ ریش‌های دراز و خلنده‌ی از آن می‌روید که هرکسی را با آن صورتی که دوست دارد، نبیند؛ نیش می‌زند!

مواردی دیگری که خواننده در این گزینه مواجه می‌شود مناجات یا صحبت‌های بی‌پرده بین بنده‌ی با خدایش است که از رابطه‌ی خیلی دوستانه و شفاف در حالات خاصی اتفاق افتیده است. به روح عصیان‌گری بر می‌خورید که در حضور آفریننده‌ی خویش نشسته با مویه‌های جان‌سوز و گاهی هم با خنده‌های قهقه و زمانی هم با لحن آکنده از مزاح معنامند و نیز با رخ اخم‌کرده و انتقادهای متعددی که رنگ‌وبوی کنایه دارند؛ سخن می‌راند و از پلیدی‌پنداری وارثان دین او دهن به شکایت می‌کشاید.

خواننده در این سرایش‌شده‌ها طعم و لحن طنز را مزه می‌کند. طنز واژه‌ی زبان عرب و در مفهوم سرزنش یا همان طعن گفتن به فردی آمده است که در فارسی مزاح یا شوخی روایت می‌شود و در«لاتین»(ساتیرا)می‌آید که اسم آوند یا کاسه یا کوزه‌ی که در آن برای خداوندان، اشراف‌زادگان و نجیب‌پوران خویش غذا، میوه و شراب تهیه می‌نمودند. آمیختگی چندچیز(بسیار غذاها، میوه‌ها، شراب‌های با طعم مختلف)و به کارگیری آن در چندین موارد سبب تولد این واژه(طنز)و مفهوم‌پیدایی آن در زبان عربی شده است که در گونه‌ها و بخش‌های بی‌شمار مثل تئاتر، نمایش‌نامه‌ها، سینما و... اجراهای کمیدی استفاده می‌شود. طنز صورت‌های چندبعدی و چندلایه‌گی داشته و در حکم تیغی تعریف می‌شود که غده‌های سمی شده‌ی مردم، ملت و یا اجتماعی را با آن می‌شود جراحی نمود. طنز بروز دهنده‌ی احساس آدم و زبانی برای بیان ناهنجارها، ناسازگارها و بدرفتارها به طور غیر مستقیم بوده و اما خیلی

تکان‌دهنده و متوجه‌سازنده می‌باشد. در طنز همیش روایت‌های هم‌پهلو با پلیدی سهم نداشته و در روی دیگر آن پاک‌تنی و زیباساختارها نیز کنایه‌وار تعریف کرده‌شده که شاعران و عارفان بزرگی چون عبید زاکانی این رشته‌هنر را تخصصی پیش‌برده‌اند و تا دروه‌ی معاصر از طنزگویانی مانند اسماعیل سیاه شاهر به(گزک)یا سیاه سپیداندرون از تندزبان‌ترین طنز آفرینان الی نصیر احمد نشاط، یاد کرد. در کل همه‌ی شعرسرایان هر زبانی این گونه‌ی هنر کنایه‌گویی(طنز)را تجربه‌ها کرده‌اند و از این هنر در اصلاح جامعه‌ها، سرزنش گرگ‌پنداران و نوازش تلف‌شده‌گان و یا شادباشی نیک‌رفتاران استفاده برده و اما هرگز خود را طنز نویس نمی‌دانسته‌اند.

طنز همیشه برای خندین نیست و من این بیت‌ها را با خون دل و دریایی از اشک بهم بافته‌ام! ارچند طرز نوشتار و مهارت من طنزنویسی نیست و قلم من در این هنری که پرداختن برایش خلاقیت خدادادی و توان استادی می‌خواهد، بیشتر تمرکز نبوده است اما خیره‌شدن به کژروش‌های درون‌جامعه‌ای و زیستن در محیطی یا مفازه‌ی که با گذر از هرکوچه و جاده‌ی آن هرلحظه چشم به فراگیرشدن غبار سمی و هلاک‌کننده‌ی پخش‌شده از اعتقادات غلط‌فهمی دینی؛ برمی‌خورد که سکوت و بی‌زبانی در برابرش کشنده‌تر و زهری‌تر از آن است؛ زبان به گویش این ابیات آورده‌ام و طنز بودن و نبودن آن را به داوری دوستان خواننده می‌سپارم.

حسیب احراری - ۱۷/دی/۱۴۰۲

در می‌خانه

گشودم تا در می‌خانه بستم درب مسجد را
رها کردم خدای مفتی و ملا و زاهد را

نه دنبال خدا در کعبه و بت‌خانه می‌گردم
نه هرگز می‌گشایم درب دیوار معابد را

نمی‌نوشم ز دست مفتی آب زمزم و کوثر
وضو با مَی کنم ریزم ظروف آب فاسد را

ز واعظ یاوه چیزی دیگری بر لب نمی‌آید
ندارم باور حرف نابجای شیخ حاسد را

شراب معرفت نوش‌ونشین در مجلس مستان
برون آر جامه‌ی تزویر و این دستار زاید را

شنیدم تا صدای محفل رندان رخ بی‌رنگ
زدم با سنگ مستی شیشه‌ی تقوای عابد را

ز بند بنده بگسل بند و پیوندی ببند با عشق

طلسم عشق کارا می‌کند هر کار ناشد را

تندیس ترس‌ناک

ببین معشوق‌هایت با تو ای عاشق چه‌ها کرده
تو را در نیمه‌راه عشق و عشق‌بازی رها کرده

خدایا من تو را آن‌گونه استی دوستت دارم
نه چون زاهد شمشیری به دستانت عطا کرده

تو کان مهربانی استی اما واعظان شهر می‌گویند
در این‌جا هرچه بدبختی سر ما است خدا کرده

دلم ریش ریش از ریش دراز و عقل کوتاهش
نه چون مفتی کسی امر خدا را زیر پا کرده

به شخصی اقتدا آورده این قوم سبک‌بینش
که او خود می‌شود عمری به ابلیس اقتدا کرده

خدا را بنده می‌اندیشد و خود را خدای او
کی آیا مثل واعظ روی اسلام را سیاه کرده

کلید دین خود یارب ز دست مفتیان بستان
که صحن خانه‌ی مهر تو را بیت‌الخلا کرده

برونش ساز با روی سیه از مسجد و محراب
که این ناشسته سرین منبرت را ناروا کرده

کتابت را به ذوق میر و ارباب می‌کند تفسیر
تو را از بندگان مخلص دینت جدا کرده

تو موجود سراپا پاک و زیبا و لطیفی و
ولی واعظ ز تو تندیس ترس‌ناکی بنا کرده

خطا هر زنده‌جانی مرتکب گردد مگر واعظ
خطا پشت خطا پشت خطا پشت خطا کرده

هنوز با وی رفیقی می‌کنی زیبای خدای من
نمی‌دانم چه جادوی تو را شیخ و ملا کرده

گِل نم‌ناک

به خدای که جهان را پس از فلاک سرشت
که زمین را هم از آب و شجر و خاک شرست

فکر آدم به سرش زد هوایی شد و بعد
آمد و پیکر من از گِل ناپاک سرشت

کاسه‌ی کله‌ی من را به دستان تو داد
فطرت مست مرا از بته‌ی تاک سرشت

ساخت اما نه چنان سخت که باشم چندی
گویی تندیس مرا با گِل نم‌ناک سرشت

چه نزاع‌ها که به پا بین من و ابلیس است
از ازل پیرهن قسمت ما چاک سرست

دلش آرام نگرفت و هوس تازه‌ی کرد
دیو پشمینه‌تر و شیخ خطرناک سرشت

حلیت شیخ به حیرت بنمود اهریمنان
یعنی اهریمن ماهرتر و چالاک سرشت

فارغ از کار پریشانی آدم شد ابلیس
تا که این شعبده‌بازان هوس‌ناک سرشت

دو پا و یک دم

زنخ پر ریش و دل تاریک و زیر جامه بم داری
الاغی و دو پا و یک دُم جانانه کم داری

سر و کار تو سوراخ ساختن جیب و جوراب ما
چو موشی در سرت اندیشه‌های بی‌رقم داری

به رسم غم‌شریکی می‌زنی هق هق به زیر لب
نهان با پنجه با آب دهن رخسار نم داری

به‌دستی نوش دار را گرفتی با فریب اما
به‌دست دیگرت دیدم دو-سه پیمانه سم داری

خیالت لحظه‌ی خالی ز زخمی کردن ما نیست
ولی قامت به‌پیش مردم بیچاره خم داری

ز خون ملتی مفتی شدی و شهره‌ی شهری
مجانی چای خود را دم به دم اینگونه دم داری

پیچ در ریش

تو از ساز و سرود و ساغر و مینا چه می‌دانی
کلام حافظ و سعدی و مولانا چه می‌دانی

به سر عمامه و عمری به پشم خویش پیچیدی
تو ای گندآبه موج سرکش دریا چه می‌دانی

نداری پیشه جز بشکستن تندیس بی‌جانی
تو پاس گنج باختر یا بت بودا چه می‌دانی

تبر بر دست و چشمت کور و کارت سر بریدن‌ها
تو با این چشم نابینا بد و زیبا چه می‌دانی

ندیدی مجمر شمع شب افروز سیاهی‌کُش
طلوع مهر عالم تابِ یک فردا چه می‌دانی

چه درسی در مدارس خوانده‌ی به‌به، هی ولا
جدا از جاهلی دیگر بگو این‌جا چه می‌دانی

شاخ شیخ شکستنی نیست

من اگر کعبه بسازم حریفم با حق
تو اگر هیچ نکوشی هنوز هم شیخی

من اگر باده بنوشم جزایم مرگ است
تو اگر کوزه بنوشی هنوز هم شیخی

کافرم گر سخنی گویم از آزادی و عشق
تو که در خانه خموشی هنوز هم شیخی

چون‌که شیخی و تو را است مقام
خون صد بیوه بچوشی هنوز هم شیخی

چادر دختر نو سال بیفتد کفر است
جامه گر هیچ نپوشی هنوز هم شیخی

دست من قطع شود دانه‌ی بی جا بکنم
تو وطن را که فروشی هنوز هم شیخی

آبله‌ها در کف دست دارم و لیک بی‌مزدم
تو اگر هیچ نکوشی هنوز هم شیخی

راضی هرگز نشوی با دوهزار صندوق زر
شیر ملت که بِدوشی هنوز هم شیخی

خسی از خرمن میهن نبرم در کف پا
تو که آن حلقه به گوشی هنوز هم شیخی

پر پروانه‌ی در شعله من هیچ نسوخت
گرگِ خونخوارِ وحوشی هنوز هم شیخی

بی در و دروازه

تا نسوزانیم وطن را کی رهایش می‌کنیم
تا نفس در سینه داریم زیر پایش می‌کنیم

تا که ما باشیم و در دستان ما باشد تفنگ
بی‌ترحم از سر و گردن جدایش می‌کنیم

می‌کُشیم آن را که دارد فکر آبادی به سر
هرکی ویرانی کند رهبر صدایش می‌کنیم

گر کسی خون کسی را در عیان جاری کند
پهلوانش خوانده و به‌به برایش می‌کنیم

هیچ مردی باوفا باید نباشد در میان
هرکسی اهل وفا شد بی‌وفایش می‌کنیم

گوهر یک‌دانه‌ی خود را به خاک افکنده و
خارسنگ دشمن خود را طلایش می‌کنیم

میهن ما بی‌کلید و بی‌دَر و دروازه است

این سرا را نزد هر بیگانه وایش می‌کنیم

دانش و تعلیم و آموزش نمی‌آید به کار

آن که جاهل نیست این جا جا به جایش می‌کنیم

جمله می‌گویند خدا ناراضی است از کار ما

کارتان این جا نباشد ما رضایش می‌کنیم

سوخت شهر آرزوها و نشد پیدا هم آب

هرکی دل‌سوزی کند تنها رهایش می‌کنیم

شرعِ شداد

اگر گویم که کارت کار صیاد است می‌رنجی
اگر گویم که دام و دانه و داد است می‌رنجی

حساب مفتیان با مافیایی سیم و زر یک‌سان
اگر گویم مرا این‌فتنه در یاد است می‌رنجی

الا ای‌شیخِ شمشیرِ علی در دست و در دل‌کین
اگر گویم که ایمان تو برباد است می‌رنجی

ترازویی عدالت شیمه‌ی وزنِ تو کم دارد
اگر گویم که تقوایت کم از باد است می‌رنجی

چراغ اهرمن در دست و در سر تاج کرمنا
اگر گویم که شرعت شرعِ شداد است می‌رنجی

صیغه

پشمینه به‌تن کرده‌ی از چیست ندانم
آخوند شده‌ی یا که تروریست ندانم

ای گله‌ی گم‌کرده خدا در ته پشمی
چوپانِ فریبنده‌ی تان کیست ندانم

ای خشم خدا بر سر ایمان شما باد
از دست شما جمله فراریست ندانم

از کشتن و خون‌ریزی ما سیر نگشتید
این حکم چرا حکم شرعیست ندانم

از هر جهتی دیدم و جز پشم نبودید
جز فتنه در آیین شما نیست ندانم

از نام شرعیت شده‌اید هریکی تاجر
دین پیش شما قاطر باریست ندانم

هیهات که در ذهن شما نیست شعوری
سرهای شما یک‌سره خالیست ندانم

خون می‌چکد از پنجه‌ی فاجعه در شهر
گفتید که قراری و قراریست ندانم

با جمله‌زنان رابطه‌ی خوب ندارید
پیوند شما با صیغه عالیست ندانم

مُهر گران

هرچند که خدا ورد زبان تو روان است
دانم نه تو را عشق خدا در دل و جان است

تنها نه من از حیله‌ی بسیار تو حیران
از فتنه‌ی مکر تو خدا هم نگران است

کم ناز و نیاز ار و نزن نیش، نرنجان
چون بردن ایمان تو هم قید گمان است

صدسال اگر بر سر سجاده نشینی
بر دل ننشینی نه تو را حاصل آن است

ابلیس هم از زمره‌ی خوبان خدا بود
امروز سیه چهره‌ترین خلق جهان است

روزی تو هم از صومعه بیرون شوی شیخا
این دار مکافات و منافاتِ دیان است

صد موعظه گویی و یکی رام نگردد
تا در ته آستین تو این تیغ بران است

مغرور دو-سه دانه‌ی تسبیح چرایی
بر گردن هر ساحری این مهر گران است

آن سوره که در سینه سپردی و ندانی
آیات نیازردن و احسان و امان است

اسباب غنیمت

فتنه هم‌دست رذلیت بود و است
تیغ در دست شریعت بود و است

در ازل بفروخت خود را نیم جو
آدمیت را خریت بود و است

گندم ما با گنه گردیده آرد
نان ما تر در مصیبت بود و است

آتش از نوک زبان دین شکفت
مذهب اسباب غنیمت بود و است

آدم از روزی زمین را خون کِشت
کشتن آدم حقیقت بود و است

مهربانی نرخ جو را هم نداشت
زشت خویی جنس قیمت بود و است

هیچ دیدی دام دنیا بی‌شکار؟
گرگ و ببر و بربریت بود و است

نیش اژدها

نه تنها حالم از دیدار اوضاع بشر این است
دلم از دیدن دنیای واعظ نیز غمگین است

دلم ریش ریش از ریش دراز و عقل کوتاهش
چرا منبر نصیب مردم ناشسته‌سرین است

عجب دارم که با این تند دوانی‌ها نمی‌افتند
ندانم زین این آیین‌سوران از کدام زین است

نظر تا می‌کنم بازار گرم دین فروشان را
ترازوی دوکان‌داران دین لبریز نفرین است

دلم بر ریش‌تراشان غمین شهر می‌سوزد
که نان ریش‌داران تر درون روغن دین است

شعور آینده‌ی خوبی ندارد در سر واعظ
به هرکجا بیرق وجدان بالا بود پایین است

گزند اژدها دردآور است اما چشیدم من
که نیش اژدها کم‌زهرتر از مار آستین است

سخن از شیخ و مفتی و ملا دیگر نمی‌گویم
نمی‌گویم چه گرگی در کمین دین مسکین است

ریش با ریش

این‌جا ترور و تفرقه بی‌انتها شده
جمعی گذاشته ریش، وزیر خدا شده

دریا کویر گشته و شن پادشاه مست
قایقچه‌ی قبیله چه بی‌ناخدا شده

یعنی که آب مسکن زیبای ماهی نیست
وقتی که رُود، خانه‌ی قورباغه‌ها شده

در دفتر زعامت این مردم ضعیف
مامورِ کورِ مضحکه‌ی جابه‌جا شده

آری گلوله جای گلو حرف می‌زند
هنگام مرگ و میر هنرپیشه‌ها شده

رقصیده این جماعت آواره در جهان
آواز زاغ نغمه‌ی رقص سما شده

دیدم گریستم به مقام بلند بوم

عنقا در این معاوضه مشت گدا شده

تمنای بهشت

عجبا شیخ که با آتش جهل می‌سوزد
چمن و بلبل و گل را به تماشای بهشت

رفته این راه غلط تا به‌درستی برسد
چه تمنای بزرگی‌ست، تمنای بهشت

کعبه را خانه‌ی بابای خودش می‌داند
کرده قربانی وطن را به بابای بهشت

چهره‌ی شاد شکستی دل ناشاد یتیم
که به‌دست آری دل دختر زیبای بهشت

به گمانی که به حوران بهشتی برسی
جاری از خون نمودی دو-سه دریای بهشت

دوزخ و برزخ و عصیان حسابی دارد
بی‌حساب است توقع و تقاضای بهشت

ای‌زمین چیست گناه کهن و تازه‌ی تو
که جهنم شده‌ی در طلبی‌های بهشت

باخبر! صاحب این خانه و آن خانه یکی‌ست
خانه امروز نسازی چه ز فردای بهشت

کفش کشیش

گر از آیینِ قلم سوی تفنگ آمده‌ایم
ما ز بی‌ننگی اغیار به ننگ آمده‌ایم

بی‌سبب نیست چنین هلهله برپا داریم
ما از این جمله‌ی آخوند به‌تنگ آمده‌ایم

ما دل خویش سپردیم به‌تو ای خالق حق
حق ما نیست که در کام نهنگ آمده‌ایم

مثل آهوی که مجبور به گرگ میزنه شاخ
همه با جانورانِ تو به جنگ آمده‌ایم

چه حسابی‌ست که در دامن دنیای بزرگ
قسمت این بود که در چنگ پلنگ آمده‌ایم

ای خدا گر گذرِ ملکِ مسلمان امن است
ما چرا کرده فرار سوی فرنگ آمده‌ایم

در کف کفش کشیش تو اگر نیست شنی
از چه با پای تَرک خورده‌ی لنگ آمده‌ایم

برادرهای ناراضی

دریغا تا برادرهای ناراضی ما آگاه می‌گردند
چه یوسف‌های زیبایی نصیب چاه می‌گردند

مسیر سرنوشت کاروان خسته نا معلوم
پی یکدیگر اشترهای‌مان از راه می‌گردند

عجب می‌دانم این خوش‌باوری‌های قبایل را
که با لب‌تشنه‌گان خون خود همراه می‌گردند

گروهی سرمه از چشم یتیم بی‌پدر دزدند
ولی در چشم شب کیشان شبیه ماه می‌گردند

گروهی می‌فروزند آتشی در جان این میهن
گروه دیگری در کام آتش کاه می‌گردند

شما ای جمله یعقوب از پریشانی رها باشید
که این افتادگان آینده هریک شاه می‌گردند

شهادت شه

زبان تان گلوله و بیان حرف تان تفنگ
درون مغزتان تهی و در دهان تان تفنگ

به خون خلق خسته‌ی نهار ویژه می‌خورید
تهیه می‌کند همه شراب و نان تان تفنگ

هبوط و مات مانده‌ام که این سبیلِ آهنین
عزیز جان تان شده بلای جان تان تفنگ

چرا چنین رفیق بد نشسته در گلیم تان
میان رگ‌رگ تمام استخوان تان تفنگ

شهامت و شهادتی نصیب شه نمی‌شود
به نام رهبران سکه به دست رهروان تفنگ

چه درد پر ندامتی بهم‌زند سکون من
به دست جاهلان قلم به دوش عاقلان تفنگ

زایش‌گه زاغان

خدایا پرسشی‌دارم چه رازی در تهِ راز است
چرا دروازه‌ی دینت به هر بیگانه‌ی باز است

چه سهمی داده‌ی دل‌بستگان درگه خود را
کلید خانه‌ات در دست آدم‌های ناراض است

چرا خودکامه‌ها خود با تفنگ عادت نمی‌گیرند
مکافات وطن‌دوستی چرا با خون سرباز است

زمین از پای پابوسان چنان آکنده است نقشی
سر آزاد هرکس‌دارد این‌جا دردسرساز است

به هرمرغ خوش‌آوازی قفس زیر نظر دارند
تماشا می‌کنم تا صحن را کرکس به پرواز است

چمن زایش‌گه زاغان وحشیِ بیابانی‌ست
کلاغ هرزه‌ی فرماندهِ شاهین و شه‌باز است

گرگ

بر تن لباس میشان پوشیده گرگ بدزاد
خاکی به چشم انسان پاشیده گرگ بدزاد

در نقش دوست دشمن ره زد میان گله
با حیله پای چوپان بوسیده گرگ بدزاد

دردا قبیله را نیست، شاهی، شهی، شبانی
آب از لب ضعیفان نوشیده گرگ بدزاد

تن‌های شان دریدند دُرهای شان ربودند
نان از زمین دهقان دزدیده گرگ بدزاد

آراسته رو چو رهبر نانش به‌خون ما تر
در مرگ زیر دستان رقصیده گرگ بدزاد

بنای آتش

واعظا مسجد تو را ما با گناه آمیختیم
تا تو بر منبر نشستی از خدا بگریختیم

ذره‌ی مهر خدا در کاسه‌ی قلبت نبود
هرقدر خاک سیاه سینه‌ات را بیختیم

رو که مشتاق تو و دین و کتابت نیستم
دانه‌ی تسبیح این تار ریا را ریختیم

تیغ می‌گیری بگیر و خون می‌ریزی بریز
دل به دریا داده‌ایم، سر به دار آویختیم

نیست بیم دوزخ و نی هم تمنای بهشت
کلبه در آتش بنا کردیم و جان انگیختیم

پشم و نیش

غلط گویم اگر گویم که مومن یا مسلمانی
نه ابلیسی نه اهریمن شیاطین‌تر ز شیطانی

زدی لاف مسلمانی و دستاری به سر کردی
ولی در جاهلی جاهل‌تر از بوجهل می‌مانی

پر از پشمی و نیشی و دمادم می‌گزی ما را
چو دیوی در تلاش خوردن خون جوانانی

نه از خالق حیا داری نه از مخلوق او شرمی
خطا گویم اگر گویم تو مکتب‌دار قرآنی

کتاب حضرت پروردگار خوب و یکتا را
به ذوق میر و ارباب و ریس و خان می‌خوانی

چشم خطا بین

به طرز شیخ می‌جستم به چشم سر خدا را من
فلک را زیر و رو کردم ندیدم آشنا را من

ندانستم که می‌جویم ز ظلمت جلوه‌ی خورشید
نفهمیدم نباید جست فروغ ناکجا را من

عقب برگشتم و پا از رکاب شیخ برداشتم
دَر چشمان سر بستم گشودم دیده‌ها را من

نگه کردم که هرسو دیگ رحمت جوش جوشاجوش
ندیدم فرق پیر و مرشد و شاه و گدا را من

به خود گفتم تبه کردی تمام زندگی با شیخ
چرا عمری نمی‌دیدم دل مشکل‌گشا را من

به نفرینی کشیدم روی چشمان خطابین دست
که ای دوستان بد کاشا نمی‌داشتم شما را من

گرت خواهی خدا جویی به جای چشم بگشا دل
ندیدم تا که نگشودم در قلب گدا را من

نه ره سوی خداوند و نه منزل در عدن دارد
ز شیخ هشدار می‌دارم شما را من شما را من

شهر شیطان

تفنگ و آتش و دود است، توفان است
جهنم‌گشته این‌جا حاکم شهرش شیطان است

نقاب است، قالب است، آیینه هم چندان صادق نیست
تمام چهره‌ها در پرده‌های دین پنهان است

صدا است، ناله است، آه است، تزویر است
گلوی نغمه‌ی شادی اسیر این گریبان است

چه دردی می‌کشد دریا، چه خونی می‌خورد جنگل
چه رنجی می‌برد حیوان که این موجود انسان است

تملق گشته آیین روابط‌های امروزی
به جایی خنده در لب‌ها سرود سرد گریان است

طبیعت خالی از اندوه و درد و غصه و غم بود
کدامین اشتباه مسئول این آیینه‌گردان است

کشاکش‌های کیش‌بازان کشانید دامنِ غم را
از آن روز تا به امروز این چنین آدم پریشان است

جهاد در جهنم

توافق‌های ما خواب و خیال است
به ما آدم شدن امر محال است

در این قحطی‌گهِ آدم گمی‌ها
کسی آدم شود زیر سوال است

شبی آدم شدم دیدم جهان را
که شرط آدمیت در کمال است

تفنگ از غرب و از ما ماشه کردن
کمال ما همه جنگ و جدال است

چه فرقی می‌کند عنقا و قمری
بلند پروازی از نیروی بال است

خدا این‌جا جهاد است و جهنم
خدا آن‌جا خدایی متعال است

در آن جا آنچه این جا است ندیدم
در این جا کشتن آدم حلال است

حلال این دیار آن جا حرام است
حرام آن دیار این جا حلال است

جهان آدم شد و جهدش ثمر داد
هنوز این باغچه‌ی ما بی‌نهال است

زانی ولد

چرا هرکه آزاده است می‌کُشی؟
اگر بَرده باشم برایت خوشی؟

مگر گرگ کیستی چنین بد دهن
سخن می‌زنی هردم از کفر من

چه آورده‌ی جز خزف جز فضول
که می‌گویی حرف خدا و رسول

چه شمشیر خود از نیام می‌کَشی
گمان کرده‌ی آب خوش می‌چشی؟

تو با چوب لرزان شدی روبه‌رو
ندیدی هنوز هیزم شعله‌خو

شبان شاید آغل رها کرده است
زداینده‌زادی هنوز زنده است

غذا از کف دیگران خورده‌ای
تو فرمان بیگانه‌گان برده‌ای

من اما به بیگانه، بیگانه‌وار
صدا می‌زنم هرچه‌داری بیار

زمن بردگی طمع بی‌جا ندار
نگردم گدا گر روم زیر دار

نه درخاک بیگانه پایی نهم
نه بیگانه در خانه جایی دهم

نیاید ز من خدمت دیو و دد
نیاید ز من وصف زانی‌ولد

قبرکنی

به تاراج و بر رهزنی آمدند
گِل و گنج را بُردنی آمدند

پر از خون مردم دهن‌های شان
وطن را همی خوردنی آمدند

به‌دستی تفنگ و به‌دستی تبر
جنابان همه قبرکَنی آمدند

چو دیدند ندارد وطن صاحبی
شتابنده ویران‌کُنی آمدند

بگفتند که درد تو را چاره‌ایم
به اندیشه‌ی چَه‌کَنی آمدند

چو گرگی که دارد لباسی ز میش
پی کشتن و دشمنی آمدند

چو آتش که بدخواه خرمن بوَد
گُل و لاله را سوختنی آمدند

شف نی شفتالو

با من از رویش علف نگو
از مغیلان ناخلف نگو

پیش هر خمیده‌ی سرخم
حرف مردان سر به‌کف نگو

قیمت لعل به‌خاک سیه
به نهنگ ارزش صدف نگو

دُر دم پای خوک نریز
نزد گوهر گپ خزف نگو

سگ اگر عف-عف جقید
تو اگر آدمی و عف نگو

دهن خویش را نکن کژ کژ
سخن غیرت و شرف نگو

"شف شف نی شفتالو"

شف شف شف شف نگو

میدان جنگ

سرایی درد بی‌اندازه‌ی من
زمین سوگ‌وار خاره‌ی من

تو را آتش زدند و خاک کردند
به تیغی سینه‌ات را چاک کردند

سواران سیه‌کردار دل‌سنگ
خنک‌خویان آدم‌روی بی‌ننگ

تنک‌فهمان فرهنگ، کیش ساختند
تو را میدان جنگ خویش ساختند

کسی با چربی گفتار و نیرنگ
کسی با زور بازو با زر و سنگ

کسی با حیله‌ی میهن‌پرستی
کسی بی‌اختیار و حین مستی

وطن را چون گلی پرپر نمودند
دو چشم ملتی را تر نمودند

یکی صاحب‌نظر شد خودسری کرد
دگر مومن شد اما کافری کرد

شکستند شیشه‌ی شرم و حیا را
چه بی‌اندازه آزردند خدا را

خون فرشته‌ها

در ساحت آهوان ببین گرگان را
این گله‌ی بی‌ثبات بی‌وجدان را

ددهای برهنه‌پا و دیوهای پلید
خوکان فرومایه‌ی این دوران را

خواهند که گلوی دره‌ها را ببرند
آواز بلند موج نافرمان را

با خون فرشته‌ها وضو می‌گیرند
پیشوای نماز نموده‌اند شیطان را

چوپان دیار دور و آبادی و ده
دردا که به گرگ خود سپرد میدان را

آذوقه‌ی مار ناخدا در کف زاغ
مرغ سحر است که می‌دهد تاوان را

در حیرتم از خموشی قوم بزرگ
پرسان نکنند چگونه‌گی بحران را

می‌فروش و دین فروش

پیر مردی بود و عمری خدمت بسیار کرد

بعد پیری ناتوانی‌ها ورا کم‌کار کرد

جسم او کم‌زور و چشم بی‌نوا کم نور شد

گوشه‌ی عزلت نمود و از هوس‌ها دور شد

زندگی سختش فشرد و روزگارش شد خراب

روی ناچاری به کار می‌فروشی شد شتاب

تا مگر افسرده‌ی با جرعه‌ی خندان کند

اندکی هم فکر جان و زندگی و نان کند

زاهدی همسایه‌ی میخانه‌اش شد از قضا

بهر نابودی وی شام و سحر می‌گفت دعا

می‌فروش و دین‌فروش روزی سر دعوا شدند

هر یکی بر دیگری تازیده بی‌پروا شدند

گفت زاهد ساقیا کار تو از بد بدتر است
هرکسی با تو در این محفل نشیند کافر است

این می اندر جان و ایمان بشر دارد ضرر
در جهنم می‌روی با پیشه‌ی عالم الخطر

از خرد بیگانه می‌سازی مسلمانی به پول
کرده شیطانی میان جسم لرزانت حلول

باید از نو توبه گوی و ببوسی دست من
ورنه در آتش بسوزی با جهود و اهرمن

می‌فروش چون آدم دانسته‌ی هشیار بود
گرچه چشمش بسته اما از درون بیدار بود

گفت شیخا، زاهدا، مستغنیا حرفت قبول
گیرم ابلیسی میان جسم من کرده حلول

گیرم عقلی را به ساغر لحظه‌ی ضایع کنم
قلب خود با خنده‌ی دل‌مرده‌ی قانع کنم

دست من گر با شراب نیله‌گون آلوده است
هردو دستان تو با دریای خون آلوده است

هردو تاجر، هردو در بازار مصروف فروش
من شراب اما تو آیین خدا بر زیر دوش

هردو چیزی می‌فروشیم هردو از خود باخبر
من به پول و سیم و زر اما تو با خون بشر

می فروشی‌های من با جبر و یا اکراه نیست
زیر ریشم فتنه مثل مفتی گمراه نیست

در کف کفشم ندارم ریگ نیرنگ و ریا
مثل واعظ کی کنم انکار از لطف خدا

دست من عادت ندارد با چماق و گرز و تیغ
هیچ مرد فاضلی از من نمی‌گوید دریغ

می فروش تنها اگر در جان و ایمان می‌زند
دین فروش آتش در آبادی هر انسان زند

پس برو درگیر پشم و ریش پنهان‌کار باش
شاد باش و در ته آستین دینت مار باش

دین‌فروشی کن که می شایسته‌ی نام تو نیست
این گوارا شیره حیف کله‌ی خام تو نیست

زاهدا تقوا تو را جز پوشش عمامه چیست
در سر خام تو جز سودای دین و دانه چیست

جامه‌ی تزویر می‌باید که از تن برکشی
پرده‌ی پندار خام صورت جان بردری

دین فروشا فاش گویم از خدا بیگانه‌ای
یا خرد گم کرده‌ی یا آدم دیوانه‌ای

این سخن‌ها چون سبک سر شیخ شنید
گردن کژ بر دو پای آن یل دانا خمید

خجلتش غرق عرق‌ها کرده بودش تا به پا
صورتش می‌سفت و از کامش نمی‌آمد صدا

شش لگد

یک ذره به درد دل آفاق نخوردی
نانی ز کف و کاسه‌ی انفاق نخوردی

در شهر شدی زاده و در شهر بمردی
آب و نمک مردم قشلاق نخوردی

یک‌بار سر سفره‌ی مظلوم ننشستی
جز شیر و پنیر و سر قیماق نخوردی

صدسال دگر هم زبر و زیر نفهمی
تا دوسیه‌وار سوزن و سنجاق نخوردی

خوردی همه را از همه‌سو مثل کلاغی
اما لگد عسکر کون‌قاق نخوردی

یک‌روز هم از جاده‌ی قانون نگذشتی
پنج-شش لگد و ضربه‌ی قنداق نخوردی

شاید شده خاری زده در پای تو گاهی
اما چو من از هرکی لگد ناق نخوردی

گر خورده‌ی باری لگد زندگی اما
از بی‌گنهی گه‌گهی قفاق نخوردی

زاهد دیوانه

با زاهد دیوانه سر و کاری ندارم
هرچند خودم کله‌ی هشیاری ندارم

بگسسته سر تار و من و مفتی و ملا
با طایفه‌ی فتنه سر تاری ندارم

در شهر میان همه‌گی محترم استم
هرچند که مانند او بازاری ندارم

گه‌گه گذرم می‌شود از می‌کده‌ی ده
مانند ملا قوتی و نصواری ندارم

غلطان و خراب ترک جهان می‌کنم آخر
از دشت ریا در پی خود خاری ندارم

دیری‌ست که من مست شراب‌خانه‌ی مرگم
من بنده‌ی عشقم غصه‌ی داری ندارم

زاهد نکنم خم سر خود جز به ته‌دار
بر گردن خود مثل تو افساری ندارم

پیوندی میان من و غلمان جنان نیست
شوقی به هوس‌بازی اجباری ندارم

از من به بهشت کلبه‌گک خامه‌ی هم نیست
ویرانه‌نشین منت معماری ندارم

تنها نه جدا گشته‌ام از کفرِ مسلمان
کاری به مسلمانی کفاری ندارم

خون می‌چکد از تیغ سخن‌های من اما
مانند ملا زیر آستین ماری ندارم

عمامه تو را برقه تو را جامه تو را باد
من مثل تو سر بر سر شلواری ندارم

تا داری توان در پی تفکیر من آن کن
من با سگ دیوانه سر و کاری ندارم

خواهد که رسم پیش ز تو بر در رحمت

خیر مثل تو من منزل همواری ندارم

ای خالق اگر خلق پسندیده‌ات این است

با تو هم از این لحظه دگر کاری ندارم

بستان تو از این جمله کلید دَر جنت

خود گفته‌ی کاری به ستم‌کاری ندارم

آخوند برو پیش رخم اندکی دورتر

من حوصله‌ی نق نق نشخواری ندارم

در مدرسه نقش پی احراری نبینی

هیچ رابطه‌ی با شف و دستاری ندارم

نان

کاش می‌شد رشوه خوری عادتم
از غریبی سر نمی‌رفت طاقتم

کاش می‌شد می‌شدم افیون‌فروش
کار انسانی ندارد عیش و نوش

عقل من دنبال نان آواره است
خشتک صبرم دو-سه جا پاره است

ریش من جاروب وجدانم شده
آبرویم لقمه‌ی نانم شده

دست من از کیف دالر شد جدا
روزگار من چه خواهد شد خدا

نی شتر دارم شترکاری کنم
نی خری دارم که خرکاری کنم

ای خدا دیگر نمی‌خواهم کتاب
بِه ز دانش داشی و چبلی‌کباب

ای برادر کاش بودم محترم
کم نمی‌شد تیل تانکی موترم

صبح ماهی، چاشت منتو می‌زدم
شب شرابِ لعلِ خوشبو می‌زدم

هفته‌ی سه بار حاجی می‌شدم
خون مردم ریخته غازی می‌شدم

مرغ لبخندم اسیر دام شد
آرزویم لقمه‌های خام شد

عینک بینایی‌ام تا ریخت سفت
هیچ‌کس راه درستی را نگفت

نان نباشد جان بیزارت کند
خیله خندِ شهر و بازارت کند

تا شکم از نان خالی می‌شود

در نظر دنیا خیالی می‌شود

نان اگر باشد نمی‌باشد جدل

می‌شود هر مشکلی از ریشه حل

معده هرگز نی نگوید نان را

مثل تن دیوانه باشد جان را

معده عاشق، نان معشوق وی است

چون نوای در گریبان نی است

نان ایمان را نوازش می‌کند

با یهود و گبر سازش می‌کند

تا وزیر عقل من نان می‌شود

زلف ایمانم پریشان می‌شود

نان اگر از سفره پا بیرون کشد

صاحب آن خانه را مجنون کند

نان گاهی می‌شود فاحش‌خری

جمله دنبالش روند تا هر دری

آنچه نان همرای انسان می‌کند

با خس و خاشاک طوفان می‌کند

هرکسی دارنده‌ی یک نان شود

مُهر تاییدی بگیرد خان شود

دعای گرسنه

سال‌ها شد گریه کردم کان جناب
تا دعایم را کند وی مستجاب

می‌زدم دروازه‌اش را صبح و شام
کای خدا روی از من عاصی متاب

یک شبی دروازه‌ی لطفش گشود
چهره را بیرون زد از پشت نقاب

گفت چه می‌خواهی بگو خواهم شنید
از چه رو اینگونه می‌داری شتاب

لرزه آمد در تنم از هیبت‌اش
گفتمش ای خالق داد و حساب

آمدم تا درد دل گویم تو را
شکوه دارم از مدیران عذاب

از دوکان غیب تو دزدیده‌اند
نی دوا ماندست نی عطرِ گلاب

بنده‌گاهایت جمله ناجور گشته‌اند
زورق اندیشه‌ها در منجلاب

نیم آن چرسی و نیمش پودری
نیم دیگر مُرده، نیمی هم جِلاب

گرچه لطفت قابل اندازه نیست
لیک بی‌نانیم و حال ما خراب

نی ز تو قصری تمنا می‌کنیم
نی شراب و نی کباب و نی ثواب

چون شنید او شکوه‌های بیش من
از دوام گفت‌وگو کرد اجتناب

نیم‌نانی سوی من پرتاب کرد
گفت آبش خود بجو و خود بیاب

رفتم و رفتم پی یک جرعه آب
نی بیابان ماند، نی دشت و سراب

خسته‌تن در گوشه‌ی غلطان شدم
خسته‌گی آمد پدید رفتم به خواب

تا که از خواب گران بیدار شدم
بُرده بود از چنگ من نانش عقاب

کار آدم

ای خداوند عزیز و ارجمند
کار آدم می‌کشد روزی به گند

گر نداری چاره‌ی بر حال ما
کم به رسوا بودنِ آدم بخند

گر کلید زندگی در دست تُست
این‌قدر بر بنده‌ی تهمت نبند

خود توان و تاب اصلاح داشتی
این خَشن‌خویان پشمی‌تن چی‌اند

گشته‌ای آیا به دردی مبتلا؟
تا بیابی از دلی یک دردمند

در پی یک توته‌گک نانِ خنک
می‌رسیدت از کس و ناکس گزند

دست تو خالی ولی در دستِ شیخ
ساعتِ مُدل بلندای برند

از چه دانی رنجِ نان‌گم‌کرده‌ای
تا نگردد چون گدا دستت بلند

چون دلارا دخترِ بی‌سرپناه
می‌دویدی سوی هر شهوت پسند

یا اگر گیرم تجاری می‌شدی
موترت را چسبکی بم می‌زدند

بعد می‌رفتی به دنیایی دگر
امتحانت می‌گرفتند چون و چند

یا سوالی پاسخش کم می‌رسید
دست و پای خویش می‌دیدی به بند

خادمانِ دوزخت در قعرِ نار
روح مجروح تو را می‌سوختند

گریه‌ات گر اندکی می‌شد بلند

زود می‌گفتند دهانت را ببند

بندگی آیا خدایا سخت نیست؟

گرچه حرفم نزد تو باشد چرند

گر جسارت کرده‌ام پوزش پذیر

ای خداوندِ لذیذ از نان و قند

قهر خر عیسی

شبی عیسی تمنای سفر کرد
دو پا را در رکاب زینِ خر کرد

بسوی آسمان می‌دید و می‌دید
ز رخسارِ تفکر بوسه می‌چید

به گِل آمیخته شد کشتی گمانش
به وصف کهکشان آمد زبانش

که ای پروردگار خوب و یکتا
چه زیبا آفریدی این ثریا

چنین برقی که در سقفِ تو بینم
به هیچ کاخ و ره و قصری نبینم

ندیدم مثل مهتاب تو هرگز
همه از درک و احوالش عاجز

چه خوش اختر فزودی کهکشان را
درخشاندی به نور خویش جهان را

شبانگه چرخِ گردونت فروزان
هزاران شمع به ایوان تو سوزان

فروزان چرخِ چاچی از جمالت
قدِ اندیشه کوته از کمالت

خِرد از خسروی‌های تو خام است
هزاران عقل کُل پیش تو رام است

نه هیچ دانش‌وری داند سِرِ تو
نه دستی می‌رسد بر ساغر تو

به نور آراسته‌ی شب‌های ظلمت
نمی‌پرسد کسی برهان و علت

بشر را با هنرهای فزونت
ببستی با طناب آزمونت

کسی مست و کسی دیوانه‌ی تو
کسی هم خادم کاشانه‌ی تو

گره زد هوش عیسی را شگفتی
تو گویی زورق علمش شکستی

به تنگ آمد خر از گفتار بسیار
دلش غمگین شد و روحش گرفتار

گریبانِ شعورش پاره گردید
به چشمش موج اشک فواره گردید

که گر عیسی به پای خود برفتی
نه این افسانه‌ها هرگز بگفتی

به قهر و کینه و تندی و تیزی
برآمد در پی آدم ستیزی

دهان بکشود و خر آروقکی زد
دو گوشش خم نمود و جفتکی زد

تکانی خورد و عیسی در زمین زد
تو گویی بره‌ی گرگی کمین زد

سراپایش به خاک آلوده گردید
جهان در دیده‌گانش تیره گردید

به پا ایستاد و پیراهن تمیز کرد
برای کشتن خر چاقو تیز کرد

به خشم گفتا که ای نادان و ابله
چه بود این تمبه و این تاب و تیله

نمی‌دانی مگر از شان و فرم
نمی‌ترسی تو از آه و نفیرم؟

سرت را باید از گردن جدا کرد
برای عبرت خرها رها کرد

خر از تنبیه عیسی شد پریشان
سکوتش را شکست با چشم گریان

که ای پیغمبر دانای داور
شوم قربان ریش و کله و سر

تو گر کاوش‌گر و اختر شناسی
نمی‌دانم خودت را می‌شناسی؟

چو مردان خدا سنگی شکافند
به زورِ بازوی خود می‌تراشند

اگر با پای خود ره رفته بودی
کجا این فکر بی‌جا کرده بودی

اگر از جمله‌ی خوبانِ عرشی
چرا از کیسه‌ی مردم ببخشی

اگر مرد سخامندی و درویش
به پای خود برو آنگه بیندیش

اگر محو تماشای سمایی
چرا از زحمت بازو جدایی؟

اگر من خادم راهت نبودم؟
دلیل راحتی‌هایت نبودم

چنین اندیشه آیا در سرت بود؟
خدا و اختری در خاطرت بود؟

خدا را خوش نمی‌آید، رسولش
ز شخم دیگری باشد حصولش

ستاره گرچه زیبا و قشنگ است

ولی در کفش ادراک تو سنگ است

خدا با این چنین طرز عبادت

ندارد ذره‌ی شوق و ارادت

سر چاه سخن را تا گشود خر

نمود چشمان عیسی را حیا تر

کشید دستی به خر گفتا ببخشا

نوازش کرد و تا خر شد دل آسا

بپرسید ای خر بیچاره‌ی من

رفیق و همره آواره‌ی من

چرا با این همه نیکی و خوبی

سزاوار شلاق و ضرب چوبی

خر آهی کرد و گفتا نسل آدم

نمی‌داند از آیین و نژادم

اگر آدم به شان خر زند دست

به معنای خریت پی نبردست

که خر خدمت‌گر است و خادم خلق

ندارد با دگر مخلوقیان فرق

اگر دروازه‌ی دل می‌گشودند

نه از شان و فر خر می‌زدودند

خران خدمت‌گران عام و خاص‌اند

ز مجبوری و محتاجی خلاص‌اند

خران همدری و اخلاص دارند

برای آدمان هم پاس دارند

خری بارش به دوش دیگری نیست

خران را خصلت پخپل‌سری نیست

نه تنها بار خود را می‌کشد سر

که بار دیگران نیز می‌برد خر

من اما گله از آدم ندارم

نه بارم را بدوش وی گذارم

جنگل و جدل

شاه جنگل روزگاری شیر بود
از شکم پیر و جوانش سیر بود

هیچ مرغی غصه‌ی دامی نداشت
هیچ گرگی باور خامی نداشت

جنگ در جنگل گنه بود و خطا
گاو از گاوی نمی‌گردید جدا

زاغ از زاغی پَری هرگز نَبرد
باشه‌ی از دانه‌ی بلبل نخورد

گر نزاعی پیش می‌شد بر امور
دامن شیر می‌گرفتند و شعور

کس نمی‌نازید به آیین جدش
مار در دین، فیل در دین خودش

نظم جنگل ذره‌ی مشکل نداشت
زورق اندیشه‌ها شان گِل نداشت

ناگهان دنیا دگرگونی نمود
بار غم بر شیر افزونی نمود

ترک جنگل کرد و رفت سوی فنا
تا که باشد از زبونی‌ها رها

از قضا جنگل به دست خر فتاد
مردمِ جنگل به درد سر فتاد

گاوهای چاپلوس خیره‌سر
تاج بنهادند به فرق قاقِ خر

چند روزی زندگی شان شاد بود
بخت نافرجام شان آباد بود

رفته‌رفته گپ به رسوایی کشید
عمر خوشبختی به پایانی رسید

بین جنگل‌زادگان غم شد پدید
هریکی از گوشت دیگر می‌درید

بس نفاق در فکر آنان ریشه کرد
مورچه‌ی بر شَه شدن اندیشه کرد

پشه‌ی با خیز و جستی چند و چون
گفت باید من شوم قاضی کنون

سوس‌ماری سر برون آورد ز غار
مدعی شد می‌کند او انتحار

شد بلند دعوای خرسی با پلنگ
فرق آهو را شکست موشی به سنگ

ماهیان فکر تجارت داشتند
از صدف تا مهره غارت داشتند

بَقه‌ی بق بق کنان در زیر آب
از جوال ذهن خود می‌جُست جواب

بقه را شوق وزیری زد به دل
آرزو می‌کرد و پا می‌زد به گِل

آبیاری جنگل از جهدِ من است

رونق این سبزه‌ها فنِ من است

من وزیر آبیاری می‌شوم

نزد ماهی‌ها بکاری می‌شوم

هریکی فکر و خیال خویش داشت

هیچ حیوانی غم جنگل نداشت

جنگل از بی‌رحمی جنگ‌آوران

شد به سوی دشت نابودی روان

جنگل زیبا ز دست گاو و خر

شد گرفتار کساد و درد سر

دیگر از جنگل نشانِ خس نبود

ریشه‌هایش از حسادت بس فسود

آتش تندی به جنگل خانه کرد

جنگل بی‌چاره را ویرانه کرد

ای دریغ از چرخش چرخ زمان
در زمین افتاده گویی آسمان

همچو جنگل روزگار شهر ما
در جگر دارد خدنگ صد بلا

شهرِ ما نیز خانه‌ی گرگان شد
از نفاق بره‌ها ویران شد

گربه‌ها گیرنده‌تر از سگ شدند
کرکسان شهر ما لک‌لک شدند

بس که خالی مانده وادی از عسس
کدخدایی می‌کنند موش و مگس

در دیار عاشقان و عارفان
داوری افتاده در دست خران

ارزش مویی دو چند آدم است
نرخ انسان در دیار ما کم است

آرزوی شیخ

ای شیخ که در آرزوی حوری
بالا له رخان شهر چطوری؟

شد عمر تو سر به ریش و تشویش
از لذت زندگی چه دوری

صد بار تو را به آب شستند
تا می‌چشمت هنوز شوری

صد ره تو را نشان گفتند
دیگر چقدر مگر تو کوری؟

عمامه دراز و عقل کوتاه
در کفش تو ریگ بی‌شعوری

ای کاش که پشمت عرضه می‌شد
عادت نشدت مفته خوری

ایمان تو دام و دین تو تیغ

ریختاندن خون من ضروری

تقوات به تق تقی وا شد

عاری ز حیا و از غروری

دیدم که تو دین می‌فروشی

آنلاین فروشی یا حضوری؟

پرخطر

خداوند خیر و خداوند شر
چرا نسل آدم شده پرخطر

تو گفتی که می‌آفرینم بشر
نگفتی بشر آفریدی به شر

نخواهی تو دید مثل آدم دگر
همیش بوده تنبان این توده تر

از این دلقکان سراسر شرر
چه می‌شد جهان عاری می‌بود اگر

کجا می‌شناختی تفنگ را اگر
از آدم نمی‌بود در این‌جا اثر

همه در تلاشی که یابند چو زر
زدند دست و پا گردن یک‌دیگر

ندیدم درختی به هنگام بر
زند ریشه و شاخ خود را تبر

نه دیوار این خانه معلوم نه در
پی لقمه‌ی نانِ جو در به در

اگر از خبرها شود خر خبر
نماند در افسار آدم او سر

تو با این چنین بنده‌ی بی‌هنر
خودت را خودت داده‌ی درد سر

از این پس نیندیش به نسل بشر
ز تصمیم خود کن تو صرف‌نظر

زدی ناشکیبانه آستین بر
که از گل فراهم کنی این بشر

گِل خویش اگر کرده بودی تو تر
یکی کوزه می‌ساختی‌اش بی‌ضرر

زِ گِل هرچه خواهی توانی بَدر
نباید که گِل رفته باشد هدر

امر شیخ

به امر شیخ جنگیدن چه معنی
به خون تیره غلطیدن چه معنی

چه می‌پرسی ز مست خفته‌بالین
به سنگ سرد خوابیدن چه معنی

خدا آدم نشد چون من بداند
به روی خاک افتیدن چه معنی

شبی هم با زنی خلوت نکردست
چه می‌داند که بوسیدن چه معنی

چه می‌فهمد مریض گشته‌پرهیز
شراب ناب نوشیدن چه معنی

خدا خودگفته از خوردن مبری‌ست
به جام دیگری دیدن چه‌معنی

کسی عمری نه‌لب جنبیده باشد
کجا داند که خندیدن چه معنی

یکی پشمینه انبوهی به من گفت
چنین دیوانه حرفیدن چه معنی

بباید سر جدا از گردنت کرد
بفهمی تا هراسیدن چه معنی

شدم لبریز چندان خنده‌ی مست
صدا کردم هراسیدن چه معنی

دو-سه تاری ز ریشش کنده گفتم
نمک در زخم پاشیدن چه معنی

زنخ با پنجه و چنگال خارید
بگفتم شیخ! خاریدن چه معنی

تو مشغول تراش تیغ بودی
ندانی ریش تراشیدن چه معنی

تو در خون تا کمر رفتی و غرقی
نپرس از من که بخشیدن چه معنی

ندیدی مجلس دل‌باخته‌گان را
چه می‌گویی تو رقصیدن چه معنی

خدایا خویش اگر آدم نه‌گشتی
چرا این رشته را محکم نه‌بستی

تقلب کرده امضای تو را شیخ
نباید بی‌تفاوت می‌نشستی

نمی‌گویم سرش را می‌بریدی
فقط با جمله‌پیمان می‌شکستی

اگر با مفتیان کاری نداشتی
چه در محراب و در منبر گذاشتی

چه دیدی از کنار خوب‌رویان
کنار شیخ بی‌ایمان نشستی

قلب مکتب‌ها

داد از دینی به ما آورده‌اید
این شرر را از کجا آورده‌اید

خود خدای مهربانی داشتیم
این خداها را چرا ما ساختیم

غم حلال و نعمت لبخند حرام
جای انگور خون می‌ریزد ز جام

این عبادت را که آیین کرده‌اید
فاش گویم خویش بی‌دین کرده‌اید

آتشی افروخته‌اید از کین تان
ننگ باد بر شیوه‌ی ننگین تان

های خودکامان درگاه شهان
نیست پیغمبر رفیق دین تان

تا که پرچم‌دار اسلام گشته‌اید
دست خود با خون مردم شسته‌اید

نی طبیب و نی طبیعت در امان
زخمی از تیغ شما هر زنده‌جان

عاری از علم و حیا و دانش‌اید
دفتر دل را به آتش می‌کَشید

درد دارد قلب مکتب‌های ما
چیست آیا جرم دخترهای ما

تام دست آوردتان جز جنگ نیست
حرف تان جز حیله و نیرنگ نیست

خاک را آزرده‌اید از خویشتن
بی‌شمار آواره دارد این وطن

غرق بحر و خسته‌ی صحراستیم
بی‌کس و بی‌مونس و تنهاستیم

گاوهای چاپلوس

نان سوخته یک‌کمی دارید اگر

از دیار سوخته‌گان گیرید خبر

گفت دهقانی به دهقان دگر

زهر می‌کارم که دارد نرخ زر

شهر ما شد خانه‌ی زنبور و مور

آدمان را می‌کنند زنده به‌گور

گربه‌ها گیرنده‌تر از سگ شدند

کرکسان شهر ما لک‌لک شدند

در دیار عاشقان و عارفان

داوری افتاده بر دست خران

بس‌که خالی مانده وادی از عسس

کدخدایی می‌کنند موش و مگس

بر شغالان شاخ بنهادند به‌سر
گاوهای چاپلوس کم‌نظر

صابون

قاتل خون‌خوار با من گپ نزن
زهر تلخ مار با من گپ نزن
از درون غار با من گپ نزن
کژدم نیش‌دار با من گپ نزن
ای دهن مردار با من گپ نزن

خودکش بیگانه پرور بوده‌ای
دایما مزدور و نوکر بوده‌ای
دشمن دیوان و دفتر بوده‌ای
ننگ این پاکیزه منبر بوده‌ای
مومن مکار با من گپ نزن

در لباس میش خوردی رمه را
سلب کردی از شبان آذوقه را
گریه دادی چهره‌ی پرخنده را
در گلیم سوگ ماندی بنده را
گرگ بدکردار با من گپ نزن

دزد نام و ننگ و ناموس و حیا

تاجر ارزان‌فروش کان ما

دیو دندان‌پرور انسان‌نما

در خیالت نیست جز کار ریا

دزد دولت‌دار با من گپ نزن

گربه را رمز شکار آموختی

دوستانت را به دار آویختی

آتشی را بی‌قرار افروختی

خویش از خود خاک دیوار ریختی

موش ویران‌کار با من گپ نزن

تیغ در دست و خدا در زیر لب

می‌دهی فتوای قتلی بی‌سبب

روز ملنگی و پلنگ در نیمه‌شب

از ادب گویی خود اما بی‌ادب

مثل یک دین‌دار با من گپ نزن

گشته‌ی از بی‌خدایی ناخدا
فطرت فرعون داری در خفا
سوسک خوابیده زیر بوریا
پشت و رویی نیست ایمان تو را
شیخ دین‌آزار با من گپ نزن

شستشوی مغزمان قانون تو
می‌شود روزی تمام صابون تو
می‌زنند با بیل‌چه‌ی در کون تو
از قضا می‌ریزد حتماً خون تو
ای چتل‌شلوار با من گپ نزن

ملاقات مقید

شبی بی‌مصلحت نزد خدا رفتم

نشستم روبه‌رویش گفتمش بخشش

که بی‌پرسان به‌درگاه جلالت آمدم یارب

چنان ناچاری چرتم خراب و خُرد گردانید

که گر سویت نمی‌جَستم، می‌مُردم

میان مردمان از دیر زمانی

صحبت دیدار روی نازنین تُست

همه گفتند که دیدار تو دشوار است

و اطراف تو دیوار است

مگر من آمدم هرچند با سختی

اگر با تندی‌وتیزی جسارت می‌کنم باتو سخن گویم

نه از بی‌دینی‌ام باشد

مسلمانم

تو را هم خوب می‌دانم

سوالی دارم

آیا می‌توانم پاسخ‌اش را

از زبان نرم‌وشیوای تو بشنوفم؟
نگویی منتظر باشم
که تا پیغمبری از غار کوه‌های عرب نازل کنی این‌جا

بگو یکتاخدای مهربان من!
چه با ابلیس کم‌زاد و سیه‌اندیشه شوق دشمنی کردی
خودت را درد سر دادی
نمی‌دانستی از جاهل گریزان باید عاقل را بسانِ تیر
و با هر هرزه‌گرد بد دهانِ بی‌ادب راز جهان گفتن
نه در شان خداوند است
نباید محتشم با بی‌نصیب‌زادی نشیند
روی میز گفت‌وگو یک جا

چرا با نانمک‌فهمی گرهی دوستی یا دشمنی بستی؟
سر این رشته گیریم اشتباهی بسته‌شد با خامه‌ی شیطان!
سزایی این‌چنین سوی‌تفاهم را چرا آدم به دوش ناتوان خود کَشد عمری،
گنه در بلخ آهنگر کُند اما به ششتر گردن مسگر زدن، کاری نه انصاف است
چرا حین نبرد لک‌لک و قورباغه دندان الاغی بشکنند از بیخ
و تاوان دهان خر، شتر باید بپردازند

خدایا بین خود هستیم!
همین جنگ تو با ابلیس

مثالِ خُرد و گیر لک‌لک و قورباغه و لاغر الاغی نیست؟
که در بین دو سنگ آسیاب
آدم شود خاک و دهد تاوان جرم اختلاف خالق و ابلیسِ ملعون را

چه چیزی صورت موجود پاکی را سیه‌سازد
چرا فرمان‌روای کهکشان‌ها
در سیاست‌های خود باشد حریف پاره‌شلواری

بگو بسیار ننگین نیست؟
نمی‌گویی؟
نگو چون هیچ‌کس هرگز نمی‌گوید که طعم دوغ من ترش است
دریغا لحظه‌ی انسان در این دنیا نه‌آساپید
چه‌دل‌های که آزرد و شکست و ریخت

تمام‌ناگشته از جنجال دیرینه‌ی ابلیس
شیوخ و زاهد و مفتی گریبان‌گیر آدم شد
چه رسوایی که در پای تو ختم از کار ملا شد
چه دعوای که بین مشتریان تو بالا شد

نمی‌دانم چه پیوندی تو را
با قاتل و جلاد و جانی و ستمگر است
که هر خونخواره‌ی خون یکی را می خورد

نام تو می‌گیرد

اگر دزدی برای زر کسی را می‌کُشد

نام تو می‌گیرد

شهی گر دست دزدی می‌بُرد

نام تو می‌گیرد

چو مستی گردن طفلی جدا از تن کند

نام تو می‌گیرد

زنی در پیش چشم جمله‌ی سنگسار می‌گردد

همه نام تو می‌گیرند

تو خاموشی و می‌بینم تماشا می‌کنی چیزی نمی‌گویی

نگو چون هیچ‌نیک‌نامی نمی‌گوید که بدنام است

نباید بی‌تفاوت باشی در کار غریبان و

بگیری جانب ظلم و بغاوت را

خدایا حیف دنیا نیست

طبیعت باهمه زیبایی در چنگ خسیسانِ خبیث باشد؟

خدایا جنگ‌جویان تو دنیا را تباه کردند

به مردم روز روشن را سیاه کردند

تو داری اشتباهی می‌کنی یا پیروانت اشتباه کردند

نباید می‌سپردی دفتر و دیوان

به‌دست بی‌سوادان شماتت‌گر

نباید می‌گماشتی واعظ ناخوانده‌ی بسیار بر منبر

یکی مردی

که ابعاد مسلمان بودن و مومن شدن را

خوب می‌دانست

و با رمز شکوفایی آیینی بلد می‌بود مقرر می‌نمودی

بعد از آن می‌دادی‌اش فرمانِ اجرا را

اساس شرکت مامور در کار تو باید آن‌چنان باشد

که معیار رقابت‌های آزاد است

کنون دین تو در دستار زاهد خورده تاب و پیچ

نمی‌بینم نشانش هیچ

رفیقانت ز مسجد ساخته‌اند کارخانه‌های بم

و هرساعت دو مرد انتحاری می‌کفد آن‌جا

اها، بم گفتم و یادم ز جنگ آمد!

خودت شاید خبرداری

که در روی زمین جنگ شدیدی جاری است

خون‌ریزی است

مرگ است

کشتار است

و جان آدمین آنجا به نرخ کاه‌جو بسیار ارزان است

تو گفتی مشکل ما پیش اقدام تو آسان
من از هر آدمی پرسیدم و
گفتم که آیا زندگی را می‌توانی بگذرانی شاد؟
یکی‌هم با خوشی از زندگی یادی نکرد آن‌جا
همه با حسرت و آهی
دوصد نفرین فرستادند به نام زندگی اما
تو از آسانی می‌گویی

تو باید هم از آسانی بگویی، چون
زمین می‌فهمد از دردی
که بر پشت می‌کشد بار گران آتشینی را

تو گفتی دکمه‌ی هر زنده‌جان در دست پاک تُست
و تاریخ اجل‌های بشر را
خود به‌دست خویش بنویسی
اگر آغاز و پایان نفس‌هامان به‌دست تُست
چرا هرکس دلش شد هرکسی را می‌کُشد هرجا؟

خودت گفتی‌که برگی از درختی بی‌رضای تو نمی‌افتد

خودم دیدم تبردارن تندخو را

درختان بزرگ و کاج‌های بی‌شماری را

بُریدند و به خاک تیره غلطاندند

و از بی‌بته‌گی سیلاب بیان‌کن ز کوه و دشت جاری شد

هزاران خانه‌ی بیچاره‌گان را سخت ویران کرد

زراعت را ضریب خاک گردانید

و دهقانی برای سفره‌ی بی‌نان فرزندش پریشان بود

ز هم نظم زمین پاشید و اقلیم تو تغییر کرد

جهان در بستر قحطی‌ست

خشک‌سالی‌ست

کسی یک جرعه آب یا یک شکم نانی نمی‌یابد

چه می‌گویی

نظر آیا به حال بنده‌گانت می‌کنی یا نه؟

هنوز حرفم دوامی داشت که یک‌باری

خدا خندید و گفت خاموش!

پس از چندی سکوت

چشمی به چشمم زد

چنان خشمش به جوش آمد

که گویی از تنم سر را جدا می‌کرد

صدای دل‌خراشی کرد و گفت ای ناخرد، گم‌شو!
برو دیگر نیا سویم
که گر آیی زبانت از دهن بیرون کشم
تا خاطرت باشد
که ناسنجیده هذیانی نگویی پیش کس هرگز
برو رخ از رخم گم کن!

ملال و سرکشال خواستم که از نزد خدا سوی وطن آیم
که ناگه پاس‌دارنش دو دست و پای من بستند و
محکم بر زمین پرتاب کردندم
تمام استخوان‌هایم شکست و ریخت
تنم آتش گرفت و رفتم از حال و
هنوز بی‌حالِ بی‌حالِ بی‌حالم

بوسه

زدم چون بوسه از لب‌های زیبا دختر مستی
به شیخ نفرین فرستادم
که عمر آخر نمودی و نفهمیدی
سپاس نعمت پروردگارت را

اتق الله

بسوزانید مذهب را
در آتش‌گاهِ اندیشه
که این گرگ‌زاده‌ی خون‌خوار
درید اسب خرد را و
جهان را ساخت سرگردان

به آتش برکشید این اژدهای شوم آفت را
که از چنگال ناامنی رها گردید
و در بالین آزادی بیاسایید

من از عیسی و موسی و رسول‌الله و ابراهیم پرسیدم
که فرمان شریعت
در طریقت‌گاه مذهب چیست؟

بگفتند اتق‌الله! ای کم از اندیشه و ادراک
چرا هذیان می‌گویی!
رسیدن سوی آن معبودِ بی‌همتا
حضور دل می‌خواهد

نه این آشفته‌بازی‌های بی‌معنی و دیو پرور

مگر از آیه‌های آن کتاب عشق نمی‌دانی؟

سرم را در گریبان برده و رنجور فرمودم
که دودمان من از آباد اعراب نیست
و من اهل عجم هستم
حضور روی‌شان از خنده‌ی مرموز لب ریز شد
همه یک‌دست صدایی حسرت آلودی آوردند
که ای در میله‌های باور اژداد زندانی
خدا افتیده‌ی راه عرب‌ها نیست
عجم مثل عرب فرزند آدم است
خدا در شه‌رگ هر زنده جانی زندگی دارد
تو گر در جست‌وجوی صورت پاک خدا استی
به پیدا کردن خود رو
برو قلب و دل و جان و وجود پاک خویش بنگر
چه در صحرای سوزان عرب بیهوده می‌گردی

من از پرسیده‌ی بی‌موجب و
نابجای خویش شرمیدم
ولی شادان برگشتم
که پی بُردم به آزادی

وراثت

خدایا من کی‌ام این‌گونه سرگردان
کجایی این جهان سهم من است آیا
کدامین قله‌ی قانون دنیا را بپیمایم
سفر بی‌انتها
اما
سفیران رسولانت خطوط راه انجامِ سفر را خط خطی کردند

نمی‌بینم نشانی از پیِ موسی و ابراهیم و عیسایی
و صحن معبد پاک محمد را
مکان کشتن و کوبیدن و انبار غم ساختند
به مشکل مانده این جا کاروان کار
چه می‌گویی؟
چه باید گفت؟
کسی این جا زبان وارثانت را نمی‌فهمد
وراثت پیشه‌گانت تیشه در اندیشه‌ها دارند
درخت سبز کردار نبوت را
تراش و ریشه‌کن کردند

وراثت چیست؟
به چشم خویشتن دیدم
که در سر کاه و در دست تیغ
و بر لب نام تو می‌بردند
فزون‌تر پیش از آیین تو این جا
می‌توان دیدن جهالت را
رذالت را

وراثت چیست؟

به‌چشم خویشتن دیدم
که خون بچه‌ی از دامن مادر فواران بود
تمام وارثینت آنچه می‌کردند خلاف راه قرآن بود

به چشم خویشتن دیدم
که شب آهسته راه روشنی را بسته می‌سازد
چراغ از چرخش باد خبیسی رو به خاموشی‌ست
صدای قوله‌ی قحطی
صدای صبح تنها مانده‌ی مجروح
صدای خسته‌ی خورشید گم‌نامی به‌گوشم می‌زند آوا
که شمع نیم‌جان دین تان دیگر نخواهد سوخت
و دیگ آرزوهای شما هرگز نخواهد پخت

طوطی شهر

من از طوطی‌گکان خوش‌قریح و
خوش‌نمای شهر دل‌گیرم
که می‌خوانند ولی هرگز نمی‌دانند چه می‌گویند
صداشان تا بلندی‌های آفاق می‌جهد اما
خود آن را گوش نمی‌دارند

زمین را با غُریدن‌های ناموزون
شلاق شرم می‌بندند
مگر خود اندکی از بیم نمی‌لرزند

نمی‌دانم چه فرقی است
میان طوطیان شهر با جنگل
که از جنگل سحر آغاز می‌گردد
اما یک طوطیِ شهری نه شب می‌داند و نی روز
چنان قوقوکنان آواز می‌خواند
که حتا طفلک نوزاد را برگریه می‌آرد
خودم با چشم خود دیدم
که فرزند ناله می‌آورد و

مادر همچنان گهواره می جنبید
کودک نمی‌خوابید
براستی فرق میان طوطیِ جنگل با شهر چیست؟
چرا آواز آن طوطی دل آدم نمی‌گیرد
چرا آن جنگلی را جز ندای مهر و الفت نیست
ولی این خواب طفلان را حرام سازد
چرا آن را صدا مبهم نمی‌پیچد
ولی این را بلندگوهای گوناگون در پیش است
مبادا کودکی در خواب غفلت ناگهان ماند
و اشکش لحظه‌ی تاخیر فرماید

بلی
دیدم با چشمم
که مادر تا سحر گهواره می جنبید
ولی کودک نمی‌خوابید

شنیدم مدعی گوید که طوطی زیر فرمان است و
حرفش حرف سبحان است
سوالی دارم از آن مدعای بی‌خبر از دین
مگر سبحانِ همان زیبا خدای خوب و یکتا نیست؟
اگر هست، من خدا را خوب می‌دانم
زبانش خوب می‌فهمم

بیا حرفی بیاور تا خدا آن را روا دارد

بیا انگشت‌نشان کن آن حدیثی را که پیغمبر روا دارد

کدام راوی روایت کرده این آیین کافر را

که طفلی را بگریانی

بگو ظالم‌تر از خود در میان خلق می‌بینی؟

مگر کافرتر از تو کافری هم است در گردون

تو را طوطی صدا کردم

خطا کردم

جفا بر مهربانی‌های آن مشکل‌گشا کردم

خداوندا ببخشایم!

نشاید طوطیان را این چنین اوصاف

به جز خوشخوانی و مستی

نباشد طوطیان را این چنین قوقوی بی‌مورد

به جز آهنگ لالای و آرام خفتن کودک

- تا درود -

اثر دیگری این نویسنده که توسط انتشارات برمکیان نشر شده.

برای دریافت و سفارش آنلاین این کتاب و آگهی از نشر آثار جدید حسیب احراری، به لینک زیر مراجعه کنید.

www.Barmakids.com